오름 시인선 · 22

발자국을 찾아서

오름시인선 · 22

발자국을 찾아서

펴낸날 _ 2014년 1월 24일
지은이 _ 손기섭
펴낸곳 _ 기획출판 오름
등록번호 _ 동구 제 364-1999-000006호
등록일자 _ 1999년 2월 25일
주소 _ 대전광역시 동구 대전로 815번길 125 2층
전화 _ 042.637.1486
팩스 _ 042.637.1288
E-mail _ **orumplus@hanmail.net**

ISBN _ 978-89-90151-44-5

값 8,000원

발자국을 찾아서

| **손기섭** 시집 |

Orum Edition

■ 차례

제1부_무지개

제2부_단감

제3부_아버지의 길

제4부_비늣방울

시인의 말

어머님께서 돌아가시고 이어 나는 오랫동안 일해 온 충남대학에서 정년퇴임을 맞았다. 그 뒤에도 이 지역의 국립병원과 사립병원을 옮겨 다니면서 10수년을 더 전공분야인 의료계에서 떠나지 못하고 있었는데 2006년 5월에 뜻밖의 두부외상으로 머리에 손상을 입고 흔히 말하는 뇌수술까지 받고서야 구사일생으로 살아났다.

다행이 합병증이나 후유증도 없이 깨끗하게 낫기는 하였으나 이러한 여러가지 사정으로 그동안 적기에 시집을 발간하지 못하고 머뭇머뭇 하는 사이에 원고를 잃어버리기도 하고 하면서 그만 이렇게 10여년이 지나가버렸다. 그동안 나름대로 열심히 작품활동은 해왔다고 생각한다. 이제 책을 내려고 정리를 해보니 여기 모인 것들이다.

이 책에 실린 것이 다 내 마음에 든다거나 내놓을만한 값어치가 있어서는 아니지만 일단 정리를 해서 묶어 본 것이다.

제1부

무지개

눈 감으면 가슴에 서고
고이 간직한 꿈에도 서고
가는 곳마다 잇는 곳마다

사람 사는 곳에는 무지개 선다

무지개

서쪽 하늘에 무지개 섰다

일곱 가지 찬란한 빛깔로 꾸민
아름다운 문 만들어 놓고
기다린다고

누구나 바라지만
아무나 쉽게 이룰 수 없는
그런 일 한 사람을 기다린다고

사람들은 믿고 있다
세상을 위해 의를 위해 애쓴다면
이룰 수 있을 거라고

눈 감으면 가슴에 서고
고이 간직한 꿈에도 서고
가는 곳마다 있는 곳마다

사람 사는 곳에는 무지개 선다

혹

언제부턴가 내 등에
점점 커가는 콩알만한 혹 하나가 생겼다
손이 닿지 않아 만질 수도 없고
거울로 비춰 봐도 잘 보이지도 않고
가끔 가려운듯 하면서 신경을 긁는다
손수 칼 잡을 때 같으면
친구 이리와 그까짓 것 문제없어
하고 쉽게 떼어내 줄 것 같은 것이지만
그런 쉬운 처치라도 해 줄만 한 친구도 없다
나온지 오래 됐어도 근무하던 병원에 가면
마음 써 줄 후배나 제자들도 더러 있겠지만
어쩔 수 없이 번호표가 되어 기다려야 하고
까다로운 수속이며 그 밖의 절차나
일들을 생각하니 억장이 무너진다
그러나 잡초가 풀 밭에 새로운 질서를 만들듯이
혹은 꿈꾸고도 못이룬 스스로를 던져
새로운 삶의 지침이 된다

시

이번 더위는 유례없는 찜통 더위라
하나 밖에 없는 에어컨 앞에
손자들을 데리고 앉아
아내는 과일 껍질을 벗기고
나는 그 옆에서 글을 쓰는데
아무리 봐도 내가 쓴 글보다도
몸소 벌이는 그들의 그림이
더 정겹고 아름다웠다
헛기침을 해가며 자꾸만
쓰고 지우기를 되풀이 하는데도
내가 바라는 글귀는 떠오르지 않고
끝내 남은 것은
구겨진 파지와
찢어진 나 뿐이었다
좋아라고 깔깔거리는
애들의 웃음은 끝없이 굴러 가는데

종이학

하늘은 파랗게 높아만 가고
세월은 강물의 구름처럼 흐른다
땅은 검은 입을 다문채 말이 없고
그 사이를 제비처럼 누비는 바람
먹기에 바빠 살기에 지쳐
정신없이 쫓기고 시달리다가
사기 당하듯 탕진해버린 내 젊음 내 삶
이제라도 저 바람 따라 가면
행여 되찾을 길 있을까
내 마음 종이학으로 접어
바람에 실어 구름에 띄워
하얗게 하얗게 날려 보낸다

구슬꿰기

구슬 같은 손녀가
구슬 몇 개를 가져와
끈에 꿰어 달라고 한다

내 어릴 적에는 자꾸만 흩어져 달아나는
자식들의 구슬을 꿰시다가 몇 개는 끝내 잃고 말던
아버지의 오열을 보면서 나도 울었다

내 젊어서는 아들 딸들의 구슬을 손수 꿰어도
먹기 살기에 바쁘고 지쳐
어떻게 꿨는지 생각조차 안난다

지금 내 앞에 가져온 구슬들
손녀 같은 구슬들 구슬 같은 손녀들
구슬마다 배어있는 여러 가지 손때들

아버지 어머니의 구슬이다
아버지의 할아버지 할아버지의 할아버지들의
피와 땀으로 엮고 꿰오신 구슬이다 구슬꿰기다

여백

베푸는 사람이 되자며
고마워하면서 살자며
낭비할 여백이 많던 날들에는

분별없이 뛰어오르다가 낙상하고
비누 방울처럼 꿈 날리다가 터져도
웃음소리만 남을뿐 허물도 탈도 없더니

언제부턴가 주위 사람들 내 주름에서
차림에서 뉘 골라내듯 나이만을 들추어
전단처럼 뿌리니 가슴에 칼질이다

누구 나이 안 먹는 사람 없고
나이 들면 여백으로 안 밀리는 사람 없어
쓸모없는 가시랭이로 버려지는 줄만 알았더니

여백은 달도 되고 별도 되고 하늘이 되고
바람도 되고 물도 되고 땅이 되어
만물을 이어가는 근원이 된다

코스모스

어머니 돌아가셔서
산으로 모시던 날
길 양 옆에 서서 글썽이는 눈으로
단장의 손 흔들던
그 때 그 모습

젊은 날 하얀 모시 옷 입으시고
맨발로 축대에서 내리서시며
방학으로 돌아 온 아들 반기시던
청순하고 눈부시던 어머니

내 가는 길목마다
떠놓으시던 정화수에 일렁인
간절한 꿈 애절한 합장

이 가을엔
더욱 곱고 청명한 모습으로 피어서
황금물결 사이 길을 구비치며 말 없이
양 옆에 비켜서서 손 흔드는 코스모스

손녀

난지 반년 밖에 안 되는 손녀는
옆에 누가 있기만 하면 혼자 눕혀 놓아도
하루 종일 우는 법이 없다
빵긋 빵긋 눈 맞춰 웃다가
안고 밖에 나갈까 하면 더 좋아하고
안 나가면 짜증을 내기도 한다
잘 기지도 못하지만 배만 부르면
이리 저리 뒹굴면서 놀기도 하고
그대로 잠 들기도 한다
너무 순한 것이 마음에 걸리기도 하지만
팔불출이 눈에는 뜰에 핀 어떤 꽃보다도
예쁘고 아름답고 눈부시다
내 몸 내 마음 속을 씻어내는 청정제다
젊은 날처럼 마음 적실 일도 없어진 요즈음
내 마음 사로 잡는 일이다 유일무이의 벗이다
그동안 내가 써 온 것들 쭉정이로 만드는 시다
글을 통해 사사하는 몇 분 말고는
모시고 배우는 분이 따로 없는 나에게는
둘도 없는 스승이다

한복

내가 한복을 입는 날은
우리 할아버지 할머니 나에게서
절 받고 싶어 하시는 날
대대로 효성이 지극한 우리 가문
불현듯 한복 입고 싶어도
아이들 눈치 보여
매사가 조심스러운 나이
명절이나 되어야지
나이답지 않게 기다려지는
추석 날 설날
한복 갈아입고 책상다리 하고 앉으면
손자 손녀들 때때옷 입고
나풀거리고 다니다가 내 앞에 와
나비 같이 나붓이 엎드린다
나비의 날개 같은 한복

마지막 비방

수술로 잘라 낼 수조차 없으니
약도 있을 리 없고
할만한 거짓말도 바닥이 났다
진통제도 듣지 않으니
앞에가 서는 것 밖에 못하는 무능함이
환자의 고통만 가중한다
몇 십년을 환자진료로
우리 권속 먹여 살려 온
나의 마지막 비방이라는 것이
다른 문병인과 다를바 없는
고작 이 아픈 마음으로 그날까지
그를 지켜 봐 주는 그것뿐이란 말인가

드라이 플라워

남들 앞에 서려면
훈장처럼 주렁주렁 달던
내 몸과 마음의 장식품들

이제부턴
차라리 훌훌 벗어 버리자
걸쳐봤자 몸도 마음도 어지러운 것들

빛깔도 냄새도
걸리는 것은
남김 없이 걷어 버리자

속을 끄리던 것들
앙금처럼 끼어 있던 것들
다 비워버리자

벽 아니라 어느 곳에 있어도
북두칠성 같이 돋보이는
저 한 묶음의 드라이플라워 처럼

갈대

꽃은 소리 없이 피고
소리 없이 지기에 아름답고

눈은 허리 굽혀 내리고 발 아래 쌓이기에
더욱 성스럽고

갈대는 바람을 마음으로 받아들이기에
항시 의연한 자세를 유지 하는가

나도 소리 낮추어 살아 왔고
기척 없이 지나가려는 데도

내딛는 발걸음은 갈 짓 자요 방자한 마음은
발아래 깔린 돌을 걷어 찬다

작은 바람에도 서로 어우러져
온 몸으로 조아리는 하얀 갈대여

바다엔 파도 세상엔 바람이 있듯이
살아 있으니 슬픔과 괴로움이 있고

이기는 삶 보다 지는 삶을 사는 것이
곧 이기는 삶이 된다는 말이지요

동시

머리가 희끗 희끗한 사람이
동시를 쓴다

아이들이 좋아서
아이들이 되고 싶어서
동시를 쓴다

보는 대로 듣는 대로
있는 그대로 쓰면
쉬울 것 같아서 동시를 쓴다

거짓이나 꾸밈이 없어도 되고
재주 부리지 않고 마음 내키는 대로
쓰면 될 것 같아서 동시를 쓴다

그렇게 쓰다 쓰다가 보니
글씨도 문장도 내 머리도
어느덧 하얗게 세어 있었다

토마토

아내는 이른 봄에
방울토마토 모종 몇그루를 사다가
낡은 플라스틱 화분에 심어두고
손자들이라도 돌보듯 거름 주고 순쳐 주고
나는 조석으로 물 주고 지주 세워 손본 탓인지
해질 무렵이면 붉은 열매를 한 웅큼씩 얻는다
요즈음은 얼마나 많이 열리던지
나무들을 덮은 모습들이
빤짝거리는 밤하늘의 별들과 겨룬나
그 덕으로 아내는 손 놀림감 얻게 되고
손자들은 군것질 할 것 생겨서 좋아하고
그 정경을 지켜보는 나는
즐거운 애깃거리 얻어서 좋다
그러나 더욱 희안한 것은
조금만 더 지켜 보고 있으면
주렁주렁 지천으로 매달린 열매들이
하나 하나 요정으로 살아나서
노래하듯 춤추듯 반짝이면서 아내와 나
식구들까지 끌어드려 우리 집을
온통 잔칫집으로 만들어 놓는 것이다

화장대 앞에서

아침에 나가기 전에 저녁에 돌아와서
점호를 받듯 앞에 와 앉아보는 화장대
거울 앞에는 여러가지 모양과 색깔의
화장품 용기들이 숲을 이룬다
하늘에서 내려다 보는 마을 같이
희비가 점철된 조감도로
주마등처럼 회전하는 어제와 오늘
내 얼굴 내 근본이
그것들 몇 번 찍어 바른다고
쉽게 달라질 리 없지만
안 바르면 보기에 흉하고
너무 많이 바르면 천해진다
장인의 손끝에선
한 때 얼굴 바뀔 수도 있지만
거울 앞에선 정체가 드러난다
나갈 때 다짐하고
돌아와서 뉘우치는
스승 앞에 선 제자처럼
언제나 의연한 화장대 앞에서
오늘의 나를 다시 챙긴다

살다가 보니

날 부르면 안 갈순 없다
잘 길들여진 짐승
대부분의 짐승들은 네 발로 기는데
두 발을 손으로 쓰는 재주 좋은 짐승
말이 많은 짐승
무슨 일에든 꼭 토를 단다
자기 마음조차 믿지 못하는 의심증환자
잘 알았다고 해 놓고도
끝에 가서 등을 돌린다
아름다운 눈물을 흘린다 했더니
기만의 눈물도 흘린다
생각하는 능력이 있어
하는 짓이 제 멋대로인가
살다가 보면 좋은 일도 하게 되고
해서는 안 되는 일도 하게 되는 것이라고
하면 할 말은 없다
그렇게 지내면서 흘려버린 세월
그렇게 살아서 사람으로 태어 난 특혜에
보답이 되겠는가

생각으로 살아가는 사람
무슨 말이 더 필요할까 마는 이제부터는
핑계 없는 무덤이 점점 많아 가는
그런 세상을 만들면서 삽시다

무제

어제는 밥통이 헐어터진 가정주부
오늘은 창자가 막힌 어린 아이
그저께는 췌장에 혹이 생긴 늙은 이
그전 날에는 콩팥이 망가진 처녀

거의가 그런 벌을 받아야만 할 이유도 없이
생살 잘라 내고 도려내고 꿰매는 아픔을
겪을 수 밖에 없는 기막힌 사연을 보면서
하루 가고 일주일이 지나고
철이 바뀌고 또 한 해를 넘긴다

남의 병 고치기에 바빠 앓고 누울 틈도 없이
병은 어느새 나의 죽마고우로 바뀌어
내 몸에 시도 때도 없이 드나들게 되고
팔다리도 머리도 잘 돌아가지 않고
굳어버린 마디 움직일 때마다 나는 풍금소리

물려받은 재물처럼 날려버린 세월
잃어버린 젊음

나의 삶 나의 보람이란 있기나 했던가
마음 허전해도 털어 놓을 벗 하나
내 병 마음 놓고 맡길 수 있는
친한 의사 하나 사귀지 못 했네

의사가 된 뒤로 몇 십년이 지났어도
바람둥이의 외도만 보아온 아이처럼
내 몸과 마음 의지할 곳 없이 아직도
허송에 끌려 다니기만 하는 나의 나날

어느 하늘 아래

오늘 이렇게 헤어지면
또 언제 어느 하늘 아래
어떻게 만나리 하고
고등학교 친구 졸업비망록에 남긴
나의 글이 가슴을 찌른다고
나를 챙기던 친구
공군이 되어 사관학교 대학교 선발조종사
가는 곳 마다 수석만 하더니
고관이나 부자가 된 친구도 많은데
그가 우리 에게 남긴 것은
조국과 민족을 위하여
그 붉은 피를 뿌린 것도 아니오
까치의 전갈도 신문의 삼면기사도 아니었다
이 지구의 반 바퀴나 저쪽 이역만리
낯 선 땅에서 교통사고로 이방인의 구둣발아래
그 소중한 목숨을 담배꽁초처럼 버렸다니
친구여 오늘은 어느 하늘에서 어떻게 떠 도는가
그대의 꿈인가 숨결인가 봄이 되니 신록 백화가
가지마다 불꽃으로 타 오르는구나

그대 젊은 날의 꿈과 기개처럼 불 붙었구나
그 힘과 패기로 가지 마다 싱싱하게 싹트거라
못다 이룬 그대의 꿈
뉘우침이나 한 숨으로 지우지 말고
젊은 꿈으로 꽃피워라
마른 가지도 새 싹으로 거듭나거라

한 잔의 커피를 앞에 놓고

한 잔의 커피를 앞에 놓고
잠시 소용돌이에 휘말리는 나를 본다
모락 모락 더운 김이 오르는 조화 앞에서
일렁이며 지나가는 일들 얼굴들
쓴 약처럼 지체없이 삼킬 것이냐
사탕처럼 혀 끝에 굴리며 녹힐 것이냐
억겁의 찰라 광활한 우주 공간의
엇걸린 어느 매듭에서
천행으로 태어난 만물의 영장이다
돌이켜 보면 아까운 세월들 그리운 날들
풋고추 깨문 듯 매운 날도 있었지만
꽃감 빼먹듯 감미로운 순간도 더러는 있었다
고귀한 사람도 천한 사람도 현자도 우자도
한가지로 눈 한 번 감는 것으로 마감하는
어둠의 나락 속으로 그냥 사라져 갈 것이냐
뜨거운 것이 온 몸 속에서 솟구쳐 오른다
불씨로 살아 남을 수만 있다면
나비 같이 꽃도 피우고 열매도 맺고
안개 속 이정표로 이어주고 베풀기도 하면서

새순 같은 삶의 밑거름이라도 된다면
괴로워도 씹다가 보면 단물나듯
여러 가지 새로운 맛도 나겠지
혀 끝에 얹히는 씁쓰레 하면서도 고소한 맛
가슴을 지나 털끝까지 번져간다
무엇으로도 바꿀 수 없는 소중한 이 순간
할 수 있는 무슨 일인들 못하리
무엇이 당장 어찌 되는 것은 아닐지라도
배수구에 오물로 이 잔을 비울 수는 없다
정신 차려 꿈도 꾸며 고맙게 값지게 비워야지

종마

구리빛 갈기를 날리며 나는 듯이 황야를 달려
텔레비전 화면을 가득 메우던 말
종마라 했다
어머니는 백마가 달려드는 꿈을 꾸시고
나를 잉태 하셨단다
나쁜 태몽은 아니라 믿으셨던지
그 말씀 하실 때마다 경쾌한 요령 소리가 났다
그래서 나는 말을 좋아 했고
말 중에서도 흰말을 더욱 좋아했다
사금파리 밭을 뛰는 맨발이 찢기고 터져도
맨 앞에서 어둠을 가를 흰 갈기를 꿈꾸며 참았다
그런 나를 아무도 눈여겨 봐주지 않았다
나에게서 먼 사람보다
가까운 사람일수록 더욱 그랬다
이 순간 이렇게 긁적거리며 피를 말리고 있어도
그런 나를 마음 한 구석에 담아보는 사람도 없고
활자로 찍혀 나온다 해도 읽어 줄 독지가도 없다
그래봐야 별게 아니라던 그들의 판단은 옳았다
딸 아들들의 아비라는 것 할아버지라는 것 말고는

무성해가는 무리 속에서 거름도 힘도 되지 못했다
흐르는 강물에 돌팔매질이나 당하듯
그것이 나에게는 차라리 편한 일이라고 여기면서도
그때마다 헐려가는 가슴에는 회오리바람이 일었다
젊은 날 내 씨를 받고 싶다고 나름으로
연애편지랍시고 입술도장을 찍어 보내던 여인
징그럽고 역겨워서 그 때는 밟아버렸지만
지내놓고 보니 그 무렵이 평생에 으뜸으로 빛나던
나의 하이라이트였다고나 할까
지금도 종마는 어느 황야에서
빛나는 갈기로 바람을 가르며 달리고 있겠지

제2부

단감

사서 택배로 보내 온 단감
그 상큼하고 달콤하고 자상한 정
지긋이 베어 물면 혀 끝에서 잇속으로
전신에 번지는 감미로움

단감

"퍼뜩 와 보이소
억수로 맛 있임니더"
아내의 남동생이 원산지인 고향에서
젊어서 진 신세랄 것도 없는 신세
그 고마움을 잊지 못한다고
사서 택배로 보내 온 단감
그 상큼하고 달콤하고 자상한 정
지긋이 베어 물면 혀 끝에서 잇속으로
전신에 번지는 감미로움
그러나 그맛도 맛이러니와
"뭣하요 억수로 맛있임니더
어서 오이소 그만" 하는
언제 들어도 피와 살 속으로 파고 드는
나 스스로의 숨소리 같이 이어가는
그 정다운 마음의 고리들이
억수로 억수로 사람 죽인다 아임니꺼

손녀들의 선물

내 생일이라고 손녀들이
코묻은 용돈 한 푼 두 푼 모아서
사다 준 노트와 펜
글 많이 쓰시라고 한다
얼마동안 글 한줄 못쓰고 방황하던 나에게
빠알갛게 피어나는 꽃봉오리 손으로
심봉사 지팡이 잡고 앞장서던 청이 같이
시래기 같은 내 손 이끌며 앞장을 선다
작아도 따스한 손은 길잡이일뿐만 아니라
마음의 심지에 당기는 불씨가 된다
길 밝히며 마음 데우며 간다
기약 없는 벼랑 끝 길이지만
북극의 빙판 같은 얼음 판이지만
정화수 같이 맑은 사랑의 열기는
힘이 된다 슬기가 된다
심봉사의 눈도 뜨일 것만 같은 아침
밝고 포근한 세상을 연다

탓

잡초는
태어난 곳을
탓하지 않고

바람은
다가오는 것의
이름을 묻지 않고

비는
떨어지는 곳에
몸도 마음도 아낌없이 쏟는데

생각 하나를 더 가진 사람은
집을 나서도 당장 발길 향할 곳이 없다고
과연 누구를 탓할까

비둘기

가랑잎 떨어져 구르니
땅도 웅크리고
길 가는 발걸음도 허둥지둥
봄에 데려 온 강아지는
아직 짖을 줄도 모르고
할 일은 많은데 벌써 서쪽 하늘에
기러기 떼 갈지자라니
밀려오는 근심걱정은
태산도 못 막는다
저문 날도 아닌데
옆집 굴뚝으로 오르는 연기
불 붙은데 부채질이다
보다 못한 평화의 비둘기는
바쁜 걸음 누비고 다니면서
구 구 구 구 조심하라고
걱정이 태산이다

밀레의 만종

밀레의 만종을 보면 고향 생각이 난다
내 고향 산천은
어느 한 자락을 잘라보아도
밀레의 만종보다 모네의 수련보다
더 아름답고 정겨운 그림이었다
그러나 철들기 시작하면서
그것은 나의 치우침이 지나친 것임을 알았다
나이 들어가면서 나는
고향 한 자락씩을 잘라내어
고향 향한 그 사랑 그 그리움을
그림에 담아보려고 그리고 또 그렸으나
언제나 남는 것은
찢어지고 구겨진 파지 뿐이었다
이번만은 하고 다짐한 것이 수 없는 데도
아직도 그 짓의 되풀이다
그림 한 장으로도 세계를 움직이는 사람도 있는데
어찌하여 아무리 애써 그려도
나의 그림의 종은 울리지 않는 가

빗자루

다시 찢어지는 만남이라 해도
이 만남이 어찌 예사 만남이랴
하늘이 내려다보고 땅이 떠받들고
해가 가리키고 별들이 받들어서 만나는데
억겁으로부터도 그랬듯이
우리는 모임으로 삶을 꾸려가는 종족
어느 것 하나 만남 아닌 것이 없다
그 거룩한 뜻을 어찌 어기랴
이 삭막한 세상에 지천으로 널린
썩고 문드러진 것들
만남의 힘으로 밀어내고 쓸어버리고
촛불 밝힐 수 있는 만남이기를
아름다운 꽃으로 만발하기를
무르익은 금빛 열매로 가득하기를
하얀 서설로 덮이기를
굳건한 뭉침만이 보다 길게 사는 길이라고
굳게 서로 부둥켜 안은 빗자루 같이
사지육신을 칼질 대패질 당하면서도
쓸고 또 쓴다 우리들의 뜰

자갈 밭에서

저 푸른 하늘의 눈부신
햇빛이 놀다가 갔을까

저 푸른 강의 부드러운 손길이
씻어 주고 갔을까

강가 자갈 밭에는
각양 각색의 돌들이 빤작거리고 있다

얼굴과 몸집의 겨루기 대회라도 벌인듯
다투어 뽐내기에 여념이 없다

어느 것도 빛나지 않은 것이 없고
어떤 것도 곱게 다듬어지지 않는 것이 없다

모두가 세월과 자연의 조화가 빚어낸
소중하고 찬란한 보석이다

위대하고 넉넉한 우주의 보살핌
엄마 따르는 아이처럼 보채는 사람들

눈물나게 고마운
우리들의 설화

시간

나를 짝사랑만 하다 간 귀신이 씌웠나
나만 빨아먹고 사는 기생충인가

처음 만나는 사인데도 부몬가 마누란가
나를 빈둥거린다고 극성이오 서둔다고 바가지다

급할 때는 늑장이오
아쉬울 때는 미꾸라지처럼 잘도 빠져 나간다

쉴 새 없이 야금야금 나를 갉아먹지만
그것이 곧 내가 사는 길이라니

나에게서 시간을 갈라놓으면
나는 이름만 남는 비석이다

우리는 서로가 뭉치면 살고
헤어지면 주검이다

난초분

생각날 때 서슴없이
전화 할 수 있는 사람
하나 있었으면

산들바람에 귀밑머리 휘날리듯
잔잔한 강물에 풍덩 뛰어들듯 마음 터놓고
빠질 수 있는 사람 하나 있었으면

치렁치렁 머리 풀고
옷 벗고 마음도 열고 송두리째
안겨 올 것 같은 난초 분 하나
탁자 위에 놓여 있다

한여름에도 겹겹이 옷 껴입듯이
마음의 문 첩첩이 닫고 살아 온 세월
이제부터라도 마음 한번 열고 살아보았으면

바람도 없이 내 마음이 흔들린다
난초도 따라 흔들린다
난초분과 내가 모처럼 마음 열고
함께 빠져보고 싶은 오후 한때

반닫이

장식도 없이 초라 하지만
할머니가 생전에 즐겨 쓰시던 궤짝
어린 나를 귀한 종손이라고
굽은 등에 늘 지고 지내시던 할머니는
예순 해도 전에 그 속으로 좌정하시고
나만 보고 사신다던 어머니도 십 수 년 전에
마을 가시듯 그 속으로 사라지셨다
그러나 그 속에 그 분들은 보이지도 않고
선조들의 옷 같이 누렇게 바랜 문서 몇장과
백년도 넘은 놋그릇들과 제기들만
할머니의 사랑 어머니의 한으로 서려
파나물이 되어 돌아온 나를
희미한 반사의 눈빛으로 맞는다
그 빛은 때로 매가 되는 수도 있지만
감싸주는 품이 되고 이불이 되고 손길이 된다
비록 낡고 하찮은 궤짝 하나지만
나에게는 마음의 요람이 되고
울이 되고 뿌리가 된다
자랑이 된다

낙조

타인을 위하여 스스로를 불사르는
저 장엄하고 처절한 모습
아버지 어머니를 위하여
자식을 위하여 형제를 위하여
사랑하는 사람들을 위하여 의를 위하여
하루를 살면서 한 나이를 살아오면서
한 평생을 하루 같이 스스로를
내세우는 법도 내색하는 일도 없이
신음소리 씹어 삼키면서 흘려 온 땀과 피
삼켜 온 눈물 불태워버린 세월
죽음이 있기에 아름다운 삶이라는 것
껌처럼 씹어 왔지만
손등에 못질하던 뉘우침이나
노을로 서리는 아쉬움인들 어찌 없을소냐
사랑을 아낌없이 쏟은 사람
스스로를 남김없이 비운 하루가
저무는 서산마루 타오르는 불길 속에
종지부처럼 사라져 가는 얼굴
내일을 보장하는 도장처럼 찍히는
저 장엄한 모습을 보라

점

장난인가
실순가
아니면 의도적인 것인가

누구였을까
하얀 종이 한 가운데
파리똥처럼 점 하나 찍어
고고의 울음을 울게 한 그분은

시간과 공간의 함수가 찍은
너와 내가 만났다는
시작인가 종말인가

땀인가
핏방울인가
짓이겨진 눈물인가
아니면 무엇인가

우주의 크기로 부풀었다가
바늘 끝 크기로 오므라들기도 하는
이것은

나의 여로의 시발점이자 종착역
출발하면 반드시 돌아오는 점 위에
금방이라도 터질 거품 같은 존재가

나침반도 못되면서 두 팔 벌리고 서서
나는 망망대해의 등대가 되고 싶다

교감

놀이터 나무 그늘 아래
철새 같은 아이들이 미끄럼틀과
그네들을 오르내리면서 놀고 있다

아이들은 자신들이 어떻게 되어
가는지도 모르면서 함께 어울려
춤추는 녹음에 차츰 물들어 가고 있다

나무들은
아이들의 지붕이 되기도 하고
옷이 되기도 하고

아이들의 벗 같은 나무들
형이나 아빠나 스승 같은 나무들
엄마 같은 나무들

새순 아래 꿈을 키우는 아이들
나무의 열매 같은 아이들
나뭇잎 그늘에서 영글어가는 아이들

바위 앞에 서면 바위가 되고
꽃 앞에 서면 꽃이 되고
칼 앞에 서면 칼이 되는

카멜레온 같은 아이들 앞에 서면
나도 아이가 된다
어리고 철없는 아이가 된다

꽃씨를 뿌리며

뜰에 꽃씨를 뿌리며
피어날 찬란한 꽃밭을 설계 한다
내 가슴의 밑바닥 깊이
보물처럼 묻어 두었던 꿈의 씨앗을 찾아내어
내 앞에 서는 사람들의 가슴에도 심어주자
설혹 낯익은 얼굴들은 아니더라도
이 우주의 한 자락에서 한 날 한 시에
삶을 함께 하는 기쁨을 누리는데
씨앗 한 두 알이 뭐가 아까우랴
가슴을 적셔 새싹 트이게 하고
벌과 나비와 풀벌레들에게
꿀도 주고 새로운 쉼터도 주고
춤과 웃음의 노래방도 꾸미자
어쩌다가 지나치는 까치나 구름자락에도
새로운 꽃씨 하나씩 입에 물려
쫓기는 들쥐들 숨을 자리도 마련해주고
고양이들에겐 비릿내 나는 노리개를 주어
쫓는 발길 돌리게 하자
어둠을 불사르는 불씨라도 되어

이른 아침 기지개 켜는 여러 가슴에
손짓 같이 정겨운 기치를 펄럭이면서

그릇

얻을려고만 갖춘 것이 아니다
채울려고만 비우는 것도 아니다
어떤 것을 담아도 어울리는 그릇
얼마라도 담을 수 있는 그릇
값진 보석 같은 것이나
감미로운 설탕 같은 것만이 아니라
마른 목을 축이는 시원한 물
허기진 배 채울 수 있는 먹거리로 채워
부모님 모시고 우리 권속 부양하고
너와 나 목 마르고 배 고플 때
그 그릇 비지 않게 채우고
눈물 나게 딱한 처지 만나면
조금이나마 도울 수도 있고
삶의 맛가림도 할 수 있기를 바라면서
평생을 손끝 발끝에 피가 비치도록
갈고 닦고 광도 내고 빛도 내어 보았지만
언제나 바닥에 남는 것은
소용돌이치는 바람과 먼지와
얼룩진 앙금뿐이었다

언제부턴가 자식과 손자들을 위한
정화수가 출렁거리는구나 한 것이 엇그젠데
남은 나의 날 남에게 폐 끼치지 않기를
비는 저녁 노을이 그안에서 합장 하고 있네

줄

어려서는 어른들 시키는대로 줄을 섰다
젊어서는 배운대로 익힌대로 눈치보며
맨 앞자리에 서기 위해 기를 쓰고 줄을 섰다
보이다가 안 보이다가 끊어졌다가 다시 이어지는
살을 저미고 뼈를 깎는 사행에 목숨 걸고 매달렸다
잘 못 된 줄에서 간발의 차로 벗어나
위기를 모면한 적도 한 두 번이 아니었다
아우슈비츠 같은 지옥행의 줄에 끼지 않았음을
고마워 하면서도 요행으로 남들이
첫머리로 튀어나가는 것을 보며
부러움과 억울함을 벌레처럼 씹어야만 했다
그러면서 내가 건지는 것은 언제나
입에 풀칠 하기에도 빠듯한 하찮은 먹이 몇 마리
그래도 자리가 바뀔 때마다
뛰는 가슴은 풍선으로 부풀었다가
허공에서 줄을 놓치거나 터지기도 하고
때로는 무너지는 하늘 아래 꺼지는 땅위에서
돌멩이로 채여 뒹굴며 입술을 깨물었다
이제는 눈여겨 봐주고 챙겨 주는 이도

선택의 여지도 없이 흙탕물에 휩쓸리듯
끝내 이 한 줄에 와 닿고 마는 것을
애타게 목 매달아 온 이 줄

덫

건강이라는 말조차도 별로
입에 담지 않고 살아오다가

밑줄이라도 치듯 덫에 걸려
두부외상으로 응급수술까지 받았으니

산다는 것이 나 있는 길을
아무나 발 내디디면 가듯
쉽게 갈 수 있는 것은 아닌가보다

평소에 건강 하다고 해서
남보다 힘이나 능력이 좀 낫다고 해서
내 자신이 의사라고 해서
내세워 자랑 할 일도 아니다

덫은 바람이나 그늘처럼
깜박 한 눈 파는 사이에 수갑이라도 채우듯
우리를 잡아 가두어 놓고 괴롭힌다

요행은 햇빛 같이 후하다 하고 있으면
어느새 뉘엿뉘엿 서산마루 저쪽에 있다

유일하게 생각하는 능력을 부여 받은
만물의 영장에게 내리는
우주의 교훈은 아닐른지…

삶

장미 봉우리 몇 개 11월 하순까지도
피워 보려고 추위와 맞서 싸우더니
영하 10도에 가까운 동장군의 비수에
끝내 무릎을 꿇고 말았다
짐승은 먹이를 위해 싸우고
사람은 살기 위해 싸운다
나도 어릴 때는 허기와 싸우고
젊어서는 사랑과 싸우고
중년에는 자리와 이름을 위해 싸우고
나이 들어서는 체면과 싸웠는데
지나고 보니 부질없는 싸움들이 많았다
이겼다고 생각한 싸움도 이긴 것이 아니라
오히려 그 반대인 경우도 있었다
싸움을 피하려고 애쓰다가 보니
이것 또한 만만한 싸움이 아니었다
앞으로 나가도 싸움 뒤로 물러서도 싸움
가만히 있는 것도 싸움
어느것 하나 싸움 아닌 것이 없다
결국 삶은 아름다운 꽃을 피우기 위한

싸움의 연속인지도 모른다
싸움이 삶이 되기 위해서는
싸움이 삶을 이기기보다
삶이 싸움을 이겨야 하지않을까

나무

나무들은 뿌리내린 자리를 탓하지 않는다
한 해 두 해 해를 거듭 하면서
품종과 환경에 알맞은 모습을 갖추어 가고 있다
가로수는 거리에 의장대 같이 늘어서고
강가의 버드나무는 낚시꾼처럼 웅크리고
동구 앞 정자나무는
긴 담뱃대 물고 가부좌 한 훈장 같기도 하고
손자들 간수하는 할머니 같기도 하다
마을 옆 대나무 숲은 공무원 같이
좀 거센 바람이면 연신 머리를 조아린다
그러기에 서로 어울려 부러지지 않는 건가
심산유곡 벼랑 끝 소나무는 청빈한 선비
앙상해도 독야청청 으스대는 두 어깨
저마다 뿌리내린 곳에서 견디면서 탓하지도
탐하지도 않고 심술부리지도 않은 채
알맞게 그 모습들을 다듬어 가고 있다
모두들 나이 따라 지위 따라 그에
어울리는 풍채를 지니는데 어찌하여 나는
이웃 잃은 삼대 같이 휘청거리고 겁먹은 듯

아직도 안절부절 허둥대고만 있으니
주름살 흰머리 값도 못하는가
산다는 것이 다 이런 것인가
그래도 나이 값이라도 하면서 지내야지
저기 저 나무들 다 저리도 의연한데

장례식장

요즈음 세태가 어떻게 돌아가는지
장례식장은 잘 되어 자꾸 넓혀 가는데
병원은 부도가 나고 망해서 자살 소동이다
환자가 오면 병 고쳐야 할 의사가
오히려 환자가 되어 떨고
소신 있는 진료 앞장세우지 못하고
결과에 끌려 다녀야 하는 미결수 신세니
갈고 닦아 온 의술을 경계심이 막는다
피 땀 흘리고 뜬 눈 새워 가며
교본대로 치료하고도 좌불안석이다
인술이라는 명분에 밀려 온갖 구박 다 받고
살인자 도적놈 누명 뒤집어쓰기 다반사고
환자의 경과에 따라 명의가 되기도 하고
개구멍이나 찾는 도망자가 되기도 한다
죽은 자는 말이 없고 지불금 잘 내고
남기는 일없이 싹 쓸어 가니 뒤도 깨끗하다
병든 사람보다 죽은 자를 환영하는
의사 아닌 장의사가 늘어간다
체면 좋아하는 사람들 부모와 형제가 위독하면

좋은 병원보다 화려한 장례식장을 선호하며
거기에 드는 돈은 아끼지 않는다
옛날에는 병원에 종속되던 장례식장
요즈음은 장례식장을 위하여 병원을 만드는가
하나 밖에 없는 세상
병든 사람 따뜻하게 맞아주고
고쳐주는 좋은 병원이 많아져야지
장례식장이 늘어나서야 되겠는가

제3부

아버지의 길

내 어린 날 따라오라고
앞장서시던 아버지의 길
앞 서거니 뒷 서거니
아버지와 함께 가던 길이 나는 좋았다

아버지의 길

내가 가는 길은
용처럼 힘차게 뻗어 가는 길은
그 옛날 아버지 따라 가던 길
내 어린 날 따라오라고
앞장서시던 아버지의 길
앞 서거니 뒤 서거니
아버지와 함께 가던 길이 나는 좋았다
어디로 갈까 망설이지 않아도 되던
무엇이 나올까 두려워하지 않아도 되던
아무리 험악하고 무서운 길이라도
아버지와 함께 가던 길이 나는 좋았다
아버지가 보고 계시는 길이라 생각하면
든든하고 마음 놓이는 길
나 혼자 가고 있는 것이 아닌 길
처음 가는 길도 낯설지 않은 길
아버지의 꿈과 입김이 서려 있는
미더운 길 자랑스러운 길
밟아도 파내어도 뻗어 나가는 길
위대한 아버지의 길

할머니

하늘이 파래지면서 높아지더니
빨강 노랑 보랏빛 어느새 운동장 나무들이
옷 갈아입고 불꽃 요정들의 운동회다
유년시절 운동회에 따라 오셔서
눈물 콧물 닦아 주시던 할머니
귀한 종손이라고 늘 굽은 등에 나를 달고
다니시던 할머니는 하늘나라 어디에선가
구겨진 손수건으로 젖은 눈 닦으시며
함성이 터질 때마다 가슴 죄며 날 찾으시겠지
세상 한 귀퉁이 외진 곳에서
눈물 콧물 흘려도 닦아 줄 아무도 없이
가슴 속 낡은 사진첩 뒤지고 있는 나를
구르는 단풍잎 밟으며 풀죽어 있는 나를
등 두드리시며 나무라시겠지
'기죽지 말고 나가서 싸워라 내가 여기 있다'
단풍잎 사이 사이 숨바꼭질 하며 내두르시는
마른 나뭇가지 같은 할머니 주먹 찾아
뒤돌아 보며 목이 찢어져라 나는 외친다
'할머니 가시면 안돼요'

달걀

달걀 하나
손바닥에 놓고 보면
우리의 삶
떨어지면 금방 깨질
달걀 하나
깨진 달걀도
꽃도 되고
눈물도 되지만
껍질 속에 있을 때는
작은 공의 크기로 손바닥 하나로도
쉽게 깨지기도 한다
때가 되어 껍질을 깨고 나오면
세계도 열고
우주도 여는 것을

유리구슬

몸 속 깊이 진주를 기르는
조개도 있기에
정성을 다해서 가지려 애썼는데

한 개 두 개 구슬이 늘 때마다
마음은 부풀고 심장은 뛰었는데

은 구슬도
금 구슬도 되지 못하고
보석은 더욱 되지 못하고

많아진다는 것 만으로
허전한 가슴 달래야 하니

철 없는 애들에게나 소중한
구슬치기라도 온 몸과 마음을
실어 다해 보는 것이다

꽃은 말없이 피기에

꽃은 말없이 피기에
아름답다

꽃은 소리 없이 지기에
더욱 아름답다

말없이 피었다가
소리 없이 져 가는 자의 모습

소리가 너무 크면 야수가 되고
너무 작아 밟혀 터지는 벌레도 있지만

소리 없이 피고 지는 꽃이 있기에
이 세상은 차차 밝아져 가는 것은 아닐까

가을비

마른 호박 잎에 가을비 후두기면
우물가 젊은 아낙들의 마음은
흔들리는 이빨 같이 솟아오르고

가출소녀들의 집에선 어느덧
난무하던 고추잠자리 떼 자취를 감추고
뜰 위엔 비틀거리는 빗줄기

사발통문으로 내리는 가을비
남의 가슴만 휘저어놓고
고이지도 않으면서 길손 옷만 적시네

가을에 내리는 비는 신들린 여인
이 집 저 집 들쑤시고 다니면서
겨울준비로 설레는 가슴에 못질이네

바람 따라 가면

바람 따라 가면
꽃이 피고
잎이 피고
열매를 맺고

물 따라 가면
강이 되고
바다가 되고
구름이 되고

햇빛 따라 가면
달에도 갈 수 있고
별에도 갈 수 있고
하늘나라에도 갈 수 있고

좋은 일 하면
바른 길 가면
꿈에 그리는
좋은 세상에도 갈 수 있으리

그믐달

어린 날
초승달 두 손에 받쳐 들고
칠난팔고를 주십사고 빌었는데

차고 기울고
수백 번을 겪으면서

여러 하늘의 갖가지 달을 맞으면서
손바닥에 피가 비치도록 빌었는데도
이렇다 할 얻은 것도 이룬 것도 없이

이제는 서쪽 하늘에
낫 같이 걸린 그믐달 보고

자식 손자들의 칠난팔고 대신
그들의 건강과 행복을 빌고 있는
날 보고 그믐달은 무슨 생각을 할까

바다에 오면

바다에 오면 가슴에서
서성이는 나의 발바닥을

부서진 조개 껍질이나 모래알들이
자꾸만 간지린다

바다에 오면 달려 온 하얀 파도가
나의 발목을 물고 놓지 않는다

이 세상의 잡다한 희노애락과
물거품이나 모래알이
다를 것이 뭐냐고 한다

하늘과 바다가 하나로 풀리는데
순간이나 영원이 뭐가 다른가 한다

바다에 오면 파도소리나 들으며
멀리 하늘과 바다가 그린
한 일자의 뜻을 새겨보라고 한다

나도 꽃이다

날카로운 가시에 둘러 싸여서
불꽃처럼 피어난 주황색 장미 한 송이
꽃병에서 그림으로
그림에서 가슴으로 옮겨 다니면서
안팎으로 견줄 것 없는 빼어난 모습이다
돌아서다가 보니 그 옆에
잎이 무성한 작은 단풍 두어 그루
가지 끝 붉은 잎들이 장미꽃과 겨룬다
그 옆에 벗은 감나무는 갑골 문자의 원판이오
까치밥으로 남긴 감은 동양의 휴머니스트
세상 만물은 모두가 꽃이다
산 것은 산 대로
죽은 것은 죽은 대로
갖가지 빛깔과 모양의 꽃을 피운다
그러고 보니
너만 꽃이랴
나도 꽃이다

과분한 칭호

원장님 교수님
박사님 회장님
환자나 사람들이 나를 이렇게 부른다

중환자를 만나면 쩔쩔매고
환자나 보호자보다 더 낭패하는
나를 그렇게 부른다

일만 터졌다 하면 당황하고
작은 일에도 웃고 울고 화를 내고
애증의 잣대는 오뉴월의 식혜 맛이다
이리 밟히고 저리 채이고
내 몸 내 마음 하나 가누지 못하는
나이고 보면 칭호도 비웃음 같다

어쩌다가 도심의 밤하늘에 조각달 보듯
스치는 생각 있어 적어 두었다가
얼마 뒤에 끄집어 내보면
낯 뜨거워지는 것이 대부분이다

거목이나 태산 같은 위풍 대신
늘어가는 주름살마다 디룽디룽
과분한 칭호만 매달리니
지친 삭신 걷기만 더욱 힘들 밖에

이 순간

이 순간을 누가 주셨을까
부모님께서 주신 것일까
더 높은 곳에서 내리신 것 일까
이 소중한 순간순간 귀띔도 없이
전단이라도 뿌리듯이 내리셨을까
아니면 가는 길 발끝에 채이는 돌멩이
누군가 줏어 팔매질이라도 한 것일까
부모 유산 탕진하고 돌아온 탕아처럼
그 많던 순간들 다 날리고
서릿발 진눈깨비 휘날리는 초겨울
도마 위에 알몸으로 누워
싹둑 싹둑 칼질로 다가서는 이 순간
의지할 그 누구도
기다릴 아무 것도 없이
아 아 입이나 벌린채
기다리는 이 순간은 과연 무엇인가?

메시지

정원사의 비정한 가위질이 야속해서
옆집과 함께 했으면 편했을 전지를 미루고
뉘우침으로 겨울 내내 시달렸으나
봄이 되어 신록이 짙어지면서 나무들
서로 손잡고 어깨동무하며 어우러지니
줄지어 수학여행 가는 여고생들 같다
뜰에 아무렇게나 놓인
싸구려 합성수지로 된 의자나 탁자는
잘 배치된 무대 장치 같고
서로 건네는 식구들의 말들은
소설이나 영화 속의 감미로운 대사다
좁아도 마주보는 화단의 얼마 되지 않는
작은 꽃들은 어느 것을 보아도
잘 그려진 한 폭의 그림이다
짹짹거리며 찾아온 이름 모를 새 한 마리
하늘에서 고마운 메시지라도 물고 왔나부다

눈사람

하얀 눈송이 요정처럼
온 누리를 누비며 춤추는
축복 속에 태어났다

눈덩이처럼 불어나던 꿈
눈이 시리도록 돋보이던 순결

눈망울은 북극성처럼 밤 하늘을 밝히고
세상도 들어 올릴 것 같던 두 팔
날개라도 솟아날 것 같던 날이 엊그젠데

어느새 청명하던 눈가 짓무르고
팔다리는 휘어서 어긋나고
아랫도리는 흙먼지 속에 반쯤 묻혀서

얼굴은 눈물 콧물로 범벅이 된 오후
단말마의 비명으로 타오르는 서산마루에서

외친다 '나는 눈사람이다'
'봄에 짓밟히는 눈사람이다'

만물의 영장

이 광활한 우주에
만물의 영장으로 태어난 것은
기적이오

당신의 발 밑에도 이르지 못하고
당신 아래 무릎 꿇을 수 있다는 것은
더욱 고마운 일이오

순간의 작은 유혹에 사로잡혀
짐승의 영역에서
영영 벗어나지 못하기도 하고

어항 속의 금붕어처럼 갇혀 살면서
꽃잎에서 굴러 떨어지는 이슬방울보다
더 덧없고 서글프게 지기도 하지만

하늘을 우러르며 땅을 굽어보고
산천초목과 금수들과 함께 숨쉬며
거울 앞에서 몸소 비춰 볼 줄도 알고

이 순간과의 만남을 고마워 하면서
남을 위해 의를 위해
스스로를 버릴 수 있는 것은

만물의 영장이기 때문이다

사천의 만종

어머니처럼 좌정한 산성
마주 보고 아들 딸들 남산줄기로 들어서고
그 아래 사천강 동에서 서로 흐르는 은빛 허리띠
치마폭처럼 펼쳐져 물결치는 사천 벌
뒤에 둘러 선 숲 푸른 빛으로 양산 펼치면
나라 사랑하는 자원군 같은 소나기로 시작한
비는 차츰 군단으로 바뀌어 장마철로 접어든다
그림 한 장으로 세계를 흔드는 사람도 있는데
일찍이 청운 한번 펼쳐 보자고 고향산천 등지고
고이 간직한 꿈 기치처럼 내걸고 흔들어 보았으나
마주 올리는 횃불 하나 없었다
만종이 울려 두 손은 모았으나 드릴 말씀도 없이
사천 벌에 황금 빛 물결은 높아가네
꿈에도 잊지 못하는 사랑하는 고향 사천아
사느라고 살아왔으나 이날까지
얻은 것도 손에 잡은 것도 없이
또 빈 손으로 돌아 와서 할말도 없다
가을 바람 으스스 서쪽 하늘 노을은 깊어 가는데
아득이 사천만의 옛 함성이 가슴을 후벼 파는구나

보름달

언제나 비어 있는 나의 방
달걀 노른자 같이 채워 주는 당신

새벽마다 마시는 그대 냉수 사발에
밤 새워 씻고 닦은 나의 달
버들잎 같이 꽃송이 같이 띄워주고 싶다

그대 가는 길 목에 가로등이나
이정표로 서서 기다리다가 그대 보이면
앞장서 손 잡고 이끌며 지키고 싶다

차지 못한 조각 달들은 모아
잠 못 이루는 그대 벼갯 속 채워
자장가라도 부르게 하리

타는 목마름으로 불타는 내 가슴
그대 머리 맡에 등으로 앉아
넘기는 책장 글도 밝히고 마음도 달래고

피땀으로 숨가쁜 더운 날에는
모습도 소리도 없는 낮달인들 어떠리
그대 목 추기는 한 조각 얼음이라도 된다면

당신과 나 함께 쳐다보는 하늘에
두둥실 하나로 떠오른 보름달

꽃 길

꽃들은 저마다
그에 어울리는 길을 가지고 있어
오는 손님들을 반갑게 맞아 들인다

민들레 제비꽃 나팔꽃 봉선화들에는
내가 태어난 옛집에 이르는
오솔길 같은 부드럽고 정겨운 길이 있고

산수유 철쭉 목련 매화 아카시아 감나무들에는
어릴 적에 놀던 동화 속의 성에라도 온 뜻
정겹고 낯익은 넓고 아득한 길이 있다

꽃 앞에 서면 꼭
무엇인가 있을 것만 같은 길이 열린다

어떤 꽃길에는 들어서면
꽃도 주고 꿈도 주고

어떤 꽃길에는
주고 싶은 사람 다 주고도 남을 열매에다
고소하고 흐뭇한 맛으로 가슴까지 채워준다

그러나 꽃은 앞에 와 선다고
누구에게나 길을 여는 것은 아니다

꽃길은 꽃 안에 있어도
길을 여는 것은 꽃이 아니라
그 앞에 서는 사람이다

활쏘기

우주는 조화로 활을 쏘고
꽃과 나무는 빛깔로 활을 쏘고
짐승은 행동으로 활을 쏘는데

만물의 영장이라 뽐내는 사람은
생각 하나를 더해서 활을 쏜다
우수한 궁수도 못되면서

젊은 날에는 나도
활쏘기에 모험도 불사하고
난발로 화살만 날리는 수도 많았다

나이 들어 거동이 둔해지고
움직일 때마다 신음소리까지 흘리게 되자
기둥처럼 떠 받들던 일들 접게 되었는 데도

잊고 있었던 일들
잊혀져 가는 얼굴들이 두 팔 벌리고
줄을 이어 아우성 치며 앞을 막는다

알겠습니다 비록 힘도 패기도 전만 못하고
활시위가 젖고 붉게 물들더라도
쏘아야 할 활은 꼭 쏘고 말겠습니다

호접란

정년퇴임으로 공직에서도 물러나고
사립인 새 직장에 취임했다고 축하로
정 많은 제자가 보내 온
곱게 핀 호접란 화분 하나
처음엔 이삼십 송이가 다투어
내 앞에 성시를 이루더니
채 한 달도 못되어 다 지고
마지막 한 송이가
조강지처 연하고 남았다
세상은 건망증으로 가닥이 잡히는가
대부분의 제자들이나 동료들의
칠판에서도 나는 거의 지워져가는구나
고삐 메인 가축처럼 집 대문을 들어서면
저녁 준비가 끝난 아내와
학교에서 돌아온 아이들의
낯설지 않고 젖은 음성이 나를 반긴다
저 꽃들처럼 교태나 화려함은 없어도
그 소박하고 작은 성과 울이 있기에
오늘의 내가 있고 당신이 있고

밝고 즐거운 우리 가정의 단란함과
내일의 꿈이 있는 것이 아닌가
그 남은 호접란 한 송이가 오늘따라
그렇게 고맙고 아름다울 수가 없다

제4부

비눗방울

비눗방울 같은 우리 인생
순간이기에 그리도 아름다운가
우리 앞에 열리는 길 고마워하면서
노래도 부르고 춤도 추면서

비눗방울

밝은 해 바라보고 푸른 하늘 가로질러
날아라 비눗방울
얼마나 간절한 꿈이기에 평생을 끓여
하늘을 가로 질러 망울진 징검다리
저리도 아름답게 저리도 영롱하게
터질 듯 사라질 듯 하늘에 수 놓는가
비눗방울 같은 우리 인생
순간이기에 그리도 아름다운가
우리 앞에 열리는 길 고마워하면서
노래도 부르고 춤도 추면서
날아라 비눗방울
사랑도 하면서 꿈도 꾸면서
달도 되고 별도 되고 하늘도 되고
멀리 멀리 날아라 비눗방울
높이 높이 솟아라 비눗방울

낙화

또 한 잎
소리 없이 진다
눈 여겨 보는 사람도
귀 담아 듣는 사람도 없다
갸우뚱 하는 사람이나 있을까
그렇게 꽃은 져 간다
한 번 떠난 꽃잎은
다시 돌아오지 않는다
기억에서도 지워져 간다
아무 일도 없었다는 듯이
그렇게 꽃은 진다

노랑나비의 꿈

뜰의 꽃은 지고
잎은 물들었는데
어디서 왔는가
노랑나비 한 마리
기웃거리고 있다
누이는 젊어서 병으로 죽고
외할머니 손에서 자란 그녀의 딸
예닐곱 되어 제 아버지에게 데려다 주자
외할머니 품에서 떨어지지 않겠다고
몸부림치며 울더라는
외손녀의 머리핀에
장식으로 붙었던 노랑나비 같이

자가용

사람들이 차가 없느냐고 한다
차를 가지고 손수 운전할 때도 있었지만
직장에 오래 있으니 직접운전은 덜게 됐다
요새는 나이 들었다고 아이들도 말리고 해서
어느덧 핸들과도 담 쌓게 되자
차에 대한 욕심마저 실어 보냈는가
아침저녁 출 퇴근은 통근차가 시켜주고
가까우면 걸어가고 멀면 버스타고
급하면 택시 신세를 지는데
걸으면 운동 되고
버스 타면 세태를 배우고
택시를 타면 정치에 대한 귀동냥도 되니
어디서건 한 가지 씩은 얻는다
그러나 그보다도 나이 들면 느는 걱정
차로 인한 근심걱정은 덜게 됐으니
그리 편할 수가 없다
없음으로 얻게 되는 이득도 만만찮구나
아침을 여는 기분 좋은 넋두리다

달무리

마지막 본 것이 언제 였던가
참으로 오래간만에 만나는 달무리다
빌딩으로 둘러싸인 도심의 좁은 하늘을
송두리째 덮어버린 우산
그 가운데 떠오른 보름달
옛날에 바느질감 들고 앉으셨던
어머니 둘레에 언제나 서려 있던 달무리
끝없이 펼쳐져 우러러 보던 어머니의 정
내 첫 발을 내디디던 곳
사랑과 믿음이 출렁이던 곳
참 따뜻하고 포근하던 곳
베고 누어 마음 풀고 잠들던 무릎
찬란한 요람으로 꿈의 성에 이르던 곳
남들 낡은 내 힘과 재주 믿어 주지 않고
어지럽고 흔들리기만 하는 요즈음
어머님께서 달무리 이고 오셨다

징검다리

얼마나 아린 뉘우침의 자국인가
하나 둘 셋 넷.....

하늘에서 놀던 구름
억울한 누명 쓰고 쫓겨 났는가

비가 와서 물이 불으면
물 속에 가라앉고

비가 개면 떠 올라
꽃으로 피고

밤하늘에 빛나는 별자리 같이
되돌아 보는 강물에 떴다 잠겼다

꿈 하나 꿈 둘 꿈 셋.......
얘기도 되고 노래도 되고

먼 훗날 너와 내가 손잡고
은하수 건너 갈 별자리 같이

나이

가질 것이 없어
두 손에
싹 트는 나이만 쥐고 태어났다

커가면서도 재주도 힘도 풍부하게 못 가진
나는 공부 할 때도 일 할 때도
나이만으로 했다

한 때 꽃 같은 나이인 때도 있었고
나이가 힘이 되던 때도 더러는 있었지만
그런 것들 어느덧 꽃잎 같이 져버리고

이제는 부지깽이나 불쏘시개로
집안에 머무는 것이
차라리 도움이 되는 나아지만

나갈 때면 꼭 챙겨 들고 나간다
나이는 나의 평생의 지팡이자
유일무이한 영원한 벗이다

찾는 것

태어나면서 찾은 것은
입에 물고 빨 젖꼭지였다

어려서는 어머니를 찾았고
철들면서는 꿈을 찾고
젊어서는 사랑을 찾았다

어른이 되면서
힘을 찾고
돈을 찾고
이름을 찾았으나
언제부턴가 그런 것들
누런 신문조각으로 변하고

이젠 밖에 나갔다가 문 들어서면서
맨 먼저 찾는 것은 손자들이다

먼 훗날
내 기억 사진 첩 한구석에 끼워 놓고

가끔 들쳐보기나 할까
그런 손자들뿐이다

길들여진 개

매질 발길질을 해도
풀어주어도 안가고 재롱으로 받다가
홀린듯 다시 쇠사슬에 와서 매인다
늦추지 않는 오관의 경계 속에서도
어릿광대 놀음이나 광대 줄타기일지라도
먹이에 목숨 걸고 매달리는 것은 여기
살아 있다는 고마움 때문만은 아니다
몇 번의 탈출기도는 쇠줄이 목에 파고드는
효수의 참변을 간발의 차로 모면 하는
비극만 남기고 재롱으로 호도되었으나
억겁의 시간이 한 방울 이슬의 낙하로
마감하는 너무나 크고 서글픈 상실 앞에서도
아우슈비츠의 하늘에 솟구치던 노여움이나
짓밟히는 지렁이의 항변 마저도 없이
그루터기만 남은 전답 사이 된서리 희끗거리는
땅거미 지는 논둑길을 동반자도 없이
검은 장막 드리운 봉분 같은 오두막으로
절레절레 가고 있는 모습을 보고서야
비로소 알았다 그것이 무엇인가를

모자이크

삭막한 길일지라도
좋은 일 만나면
단풍잎처럼 주워 모으고

부서진 소라껍질 같은 삶일지라도
아름다운 조각 있으면 보석같이 거두어서
뜯겨져 나간 내 상처도 덮고 인심도 쓰고

모난 것 날카로운 것도 더러는 있겠지만
이리 끼우고 저리 깔고
하나하나 지성으로 맞추어 나가면

여러 빛깔이 모여 낮도 되고 밤도 되듯이
몸에 뿌리내린 세포들이 서로 엮이어
새롭고 아름다운 살이나 뼈로 돋아나겠지

많은 일들이 톱니바퀴처럼 맞물려
돌아가는 세상에 자극이 되는
신선하고 찬란한 꿈으로도 살아나겠지

찔레꽃

마을 뒤 언덕배기 밭에
엄마 따라 처음 가던 날
비탈길 옆엔 찔레꽃만 지천이더니

건너편 언덕 목화밭에
그녀의 어머니 따라와 있던
나와 초등학교 한 반이던 여학생
눈도 코도 찔레꽃을 닮았더니

밭에 가면 으레 나는 찔레꽃만 찾다가
흘러온 찔레꽃 냄새에
번번히 취해 허둥대다가
엄마한테 꾸중만 듣더니

마을 입구 논둑길에서
어쩌다가 단 둘이 마주치던 날
둘러봐도 꺾어 줄만한 꽃 한 송이 없고
무성한 가시 속 찔레꽃만 눈앞을 가려
나는 말 한마디 못 하고 그녀는 가버리고

반세기도 더 지난 오늘까지
애써도 그 얼굴 떠오르지 않고
찔레꽃 냄새만 물씬물씬 풍겨온다

단풍놀이

주말이 되니 모두들
단풍놀이 간다고 법석이다
라디오나 텔레비전도 단풍 일색이다
따로 시간을 낼 수 없는 나에게는
거리 양 옆에 선 가로수의 단풍이
그림이요 음악이다
단풍은 산에만 드는 것이 아닌가보다
아내도 몇일 전에 친구들과 설악산에 다녀왔다
그 말에도 가슴에도 단풍은 불붙어 있었다
빠끔히 여미고 앉은 상점들의 문지방에도
큰 거리를 불난 듯이 질주하는 차들의
뒷바퀴 따라 경주하는 낭만의 바퀴에도
단풍의 화염은 춤춘다
하는 일도 별로 없으면서 올해도
나의 가을은 소슬바람처럼 지나갔다
그러고 보니 어느덧 두꺼워진
네 옷에도 미소에도 스산한 내 가슴에도
단풍은 제동 풀린 로만티스트
오늘 밤 내 꿈속의 단풍도
어김없이 무슨 일을 저지르겠지

손금

사귐이 서툴고 환경이 여의치 않아
고향의 코흘리개 몇 말고는 친구 하나 없는
나는 어려운 일을 맞으면 먼저 손부터 펴본다

나의 아픔도
슬픔도 노여움도 기쁨도
다 내 손바닥 안에 있었다

아버지 어머니가 남기신 유물
조상께서 내리신 우리 가문의 전통
하느님이 점지하신 고마운 별자리

나의 오늘도 어제도 내일도
세상에서의 자리도
우주의 섭리도
모두 이 안에 있다고 믿었다

남보다 앞서기 위하여
무엇인가 남기기 위하여

고난의 언덕을 넘으려고 할 때
나는 내손부터 씻고 닦고 펴보았다

잘 풀릴 때는 손벽치며 두 손 모아 절하고
그르쳤다거나 당했을 때나
앞이 잘 보이지 않을 때는

두 주먹을 불끈 쥐고 생각하고 뉘우치고
다시 펴서 설계하고 다짐하는
나의 스승 나의 우주

돌계단을 오르다가

돌계단을 오르다가 돌 틈새에
훅 불면 부러질듯
머리카락 같은 가는 줄기에
파리똥 처럼 하얀 꽃을 이고
바람에 하늘거리는 목숨을 보았다
보잘 것 없는 미물이지만 사람 사는
세상에서 그 목숨 하나 들고
섬세하고 절묘한 춤을 추고 있다
노래를 부르고 있다
잡히지도 보이지도 않는 넋으로
글도 쓰고 그림도 그린다
바늘 같은 창으로 하늘을 찌르고
서릿발 같은 비수로 세상을 가르며
삶을 저울질하는 거래에도 밑짐이 없다
만물의 영장이라 뽐내는 이들이여
저 저 꽃 좀 보아
저다지도 크고 강렬한
불꽃 같은 힘과 꿈을
나 아닌 누구에게서 찾으려 하느냐

사소한 일

가로 세로 엇걸리는 길로
세상은 움직이지만

붉은 핏줄로 주고
검은 핏줄로 되돌려 받으며
사람은 살아가지만

지나치면서 담뱃불이라도 빌리듯이
안녕하세요 인사 한 마디
마주치면서 꽃봉오리 벙글듯이
건네는 미소 한 자락
그런 것으로도 그날의 일자리는 활기를 띠고

한 해에 한 번 연초에 보내는 연하장 한 장
생각나서 거는 안부전화 한 통화
어쩌다가 스치면서 마주 잡고 흔드는 손길
아니면 들길 가다가 만난 야생화처럼
흐뭇한 일 반가운 일 마주친 것만으로도
훈훈해지고 부드러워지는 우리들의 일상이라면

갈수록 삭막하고 각박해지는 세상이지만
어찌 말 한 마디 몸놀림 하나 같은
사소한 일 하나라도
인색하거나 소홀할 수가 있겠는가

설날

설날이라 차례를 지내고나니
벌써 한나절이다
자식 손자들에게 세배도 다 받고
세뱃돈도 챙겨주었다 명절 지나고 나면
줄 끊어진 구슬처럼 흩어져 갈 자식들
그런 것이 우리들 사람 사는 세상이다
공직에서 물러 난지 오래라
별반 만나야 할 친구도
갈 곳도 없는 나에게
무게를 싫어야 할 것이 있을 리 없다
손자들과 텔레비 푸로 다툼으로
보내는 일이 나름으로 즐거움인가.....
따지고 보면 설날이라고
어제나 내일과 다를 것이 무엇이겠는가
입에 쓴 약이 양약도 되고
먹기 좋은 약이 독이 되기도 한다
만들고 부수기를 되풀이 하면서
좋아지기도 나빠지기도 하는 것이다
그런 것들이 어른들에게는 추억이 되고
애들에게는 동화가 된다 역사가 된다

비 소리

내가 어릴 적엔 선친께서는
사람은 놀고 먹어서는 안 된다고
비가 오지 않는 날은 나에게
거르지 않고 무엇인가를 시키셨다
비 오는 날은 일 찾기가 힘드셨던지
나도 자유로울 수가 있었다
그러구러 나는 비 소리가 좋아졌다
할머니나 어머니 음성 같이 부드러웠다
정든 사람의 속삭임 같기도 했다
그러나 철 들어가면서 차츰 그 소리는
아버지 음성으로 다시 바뀌어 갔다
처음에는 채찍 같이 섬찍 하기도 했고
호되게 꾸짖으시는 것 같기도 했으나
어느덧 친절하고 다정한 벗의 음성으로
의론의 길잡이로 앞서시는가 하면
방패나 울로 화살받이가 되시기도 하고
때론 나의 가족까지 보살피시니
어느새 비 소리는 내 몸속에서
어떻한 일에도 좀처럼 쓸어지지 않는
기둥으로 대들보로 나를 떠받치고 있었다

네 잎 클로버

고향에 와 보니 길옆에 무리 진 클로버
행여나 하고 살펴 본다 네 잎 클로버
자나 깨나 목에 가시처럼 걸리는 얼굴
억새풀밭 같은 풀숲에 묻혀서
고향도 나이도 잊고 살아 온 세월
나 돌아온다고 바람에서 듣고 온 것일까
밤 이슬에 물어 들린 것일까
발 끝에 나부끼는 네 잎 클로바
행운이란 별난 곳에 있는 것도 아닌 것을
분수처럼 솟아오르던 열기
용수철처럼 비상하던 꿈 찾아
역마살이라도 끼었던가 이곳 저곳
진흙 속을 두더지처럼 허우적대다가
다 놓쳐버리고 봄기운에 실려서
각설이처럼 찾아 온 고향
머리는 클로바 꽃으로 세어도
마음은 아직도 나풀거리는 네 잎 클로버
어릴 적에 부푼 설레임으로 꺾었듯이
오늘은 지친 목마름으로 꺾는다
내 바랜 마음의 책갈피에 펼쳐 끼우게

옷걸이

노인 병동에 회진을 가니
버려진 헌옷처럼 누웠던 할머니 한 분이
오늘 퇴원을 한다고 일어나며 울먹이신다

입원 한 달 동안 바쁜 간호사와 간병인의
손끝에서 나무토막처럼 굴렀을지 모른다
내가 해준 것이라고는 정기적인 처방과
회진 때 가볍게 등 토닥거리며 문진으로
좀 어떻시냐고 한 약속처방이 돼버린
말 몇 마디씩 던졌을 뿐인데

삭은 가지는 기침소리의 울림도 아리는가
인사치레로 하는 말 몇 마디나
손톱 밑의 때 같은 작은 정도
눈물의 씨앗이 되는가

헌 옷으로 구석에 밀쳐 둘 것이 아니라
하얀 벽처럼 앞에 와 서기만 할 것이 아니라
옷걸이나 산 나무 같은 것이 되어

작은 무게나마 덜어주고
마른 가지처럼 벌어진 팔다리에
봄기운 같은 입김이라도 불어 넣어 준다면
파랗게 물 오르기 시작할지도 몰라
돌아온 탕아처럼 젊은 기운 되찾을지도 몰라

감나무

아낌없이 주고 싶다
고운 때도 묻지 않는 새순부터 주고 싶다
송이마다 내 어린 날의 꿈이 담긴
꽃들을 엮어 네 목과 머리에 씌우고
햇살 받고 살찐 잎 우산으로 드리우고
그 그늘아래 노는 너를 보고 싶다
떫기만 하던 내 젊은 날의 순정
꾸밈없이 바치고 싶다
오뉴월 불볕더위와 비바람 속에서도
참음과 기다림으로 알알이 영글어 붉게
물들어가는 내 몸과 마음 송두리째 주고
갖가지 원색으로 살아 온 나의 날들
낙엽으로 깔아 네 걸을 때마다 그 걸음
바람으로 밀거나 음악이 되어
네 지친 몸과 마음 달래주고 싶다
나의 봄 여름 가을 어느덧
흙빛 파지로 삭아 땅속에 스미고 마지막
남은 핏방울 같은 어쩌면 눈물과도 같은
까치밥이라도 남아 있다면

단지로 쏟는 구급의 피라도 되었으면
벗은 가지로 굳은 나의 뜻을 잘라
이 어지럽고 험한 세상에
방향과 위험을 적은 이정표로 세워
네 가는 길 굽이굽이 알리고 싶다
분분히 하늘을 나는 합장의 마음
뻗은 가지마다 목화송이 같이 피어
너를 덮고 힘을 불어넣어
봄이 오면 찬란하게 피어
다시 뻗어 날 너의 꿈 싸서 지키리라